P9-AFF-325

Cómo conseguir
que tu hijo quiera
OBEDECER

Pedro Marcet Bonel

Casals

Coordinación editorial: Ramon Manté
Revisión lingüística: Rebeca Martín
Diseño de la cubierta e interior: Mònica Campdepadrós

© Pedro Marcet Bonel
© Editorial Casals S.A.
  Caspe 79, 08013 Barcelona
  Tel.: 93 244 95 50 Fax: 93 265 68 95
  http://www.editorialcasals.com

Primera edición: noviembre de 2008
ISBN: 978-84-218-3324-7
Depòsito Legal: M-45194-2008
Printed in Spain
Impresor: Fernández Ciudad, S. L., Pinto (Madrid)

PRIMERA PARTE

CONSIDERACIONES
PREVIAS NECESARIAS

→ ¿Qué es obedecer?

Aceptar y realizar con prontitud e interés las decisiones de quien tiene autoridad.

Creo que es una definición muy acertada la que nos da J.A. Alcázar porque es la síntesis de todo lo que quiero mostrar en estas páginas.

Es importante establecer una distinción desde el inicio para entender mejor la palabra obediencia. Normalmente, cuando utilizamos este vocablo, queremos dar a entender que el niño actúa a ciegas y que no interviene su voluntad. Que obedece por puro miedo. Y no es así, obedecer es estar de acuerdo en querer hacerlo porque a uno le da la gana o porque me lo dice mi padre o mi madre, a quienes quiero y sé que desean siempre lo mejor para mí.

Obedecer no está de moda

Obedecer no está de moda y, sin embargo, cuánta falta hace en nuestros hijos y en nuestras familias. ¿Qué está pasando? ¿Por qué ya no aparece esta palabra en ningún lugar? ¿Quién quiere arrebatarnos una virtud tan enriquecedora?

Muchas personas piensan que obedeciendo te conviertes en un esclavo, que pierdes la libertad (cuando lo que ocurre es todo lo contrario). No está de moda que haya autoridades. En una sociedad permisiva como la nuestra, el único valor es el bienestar material; el placer centrado en el presente. Ni el pasado ni el futuro son significativos. Y, por tanto, lo mejor que puede hacer la persona es seguir sus instintos ciegamente.

POR EJEMPLO:

Jóvenes que se niegan a obedecer lo que les dicen sus padres respecto a la ropa que llevan pero que obedecen la moda de su pandilla, porque el valor más importante para ellos es «ser igual».

Estas personas no entienden el verdadero sentido de la obediencia. La obediencia debe ser totalmente **libre**, obedecer es un acto de la voluntad que decide aceptar y realizar aquello que le piden. Por este motivo, cuando se **impone** ya no es libre y por lo tanto no es obediencia lo que observamos, sino sumisión. De ahí la importancia de que los padres entendamos ese verdadero sentido de la obediencia.

→ Algunos consejos generales para centrarnos

Permíteme unos pequeños consejos básicos que fundamentan todo lo que quiero decir en este libro:

✳ SER PADRE es algo apasionante:

Ser padres es la tarea más compleja e importante que tenemos. Los padres somos los principales educadores del niño y, sin embargo, ¡qué poca formación recibimos para ejercer como tales!

Desde que el niño nace ya comienza a recibir el impacto del cariño y del ambiente que le rodea. Y es que **el tiempo de la educación es constante,** como el crecimiento del niño. Nuestro hijo irá transformándose instante a instante, mientras dormimos, mientras trabajamos, mientras estamos con ellos. Es claramente un trabajo a largo plazo y necesitará:

- mucha **paciencia** para saber esperar los resultados de nuestros esfuerzos, aunque no los veamos a corto plazo,

- mucho **sacrificio** pues exige una entrega a fondo,

- estar mucho **tiempo** con nuestros hijos,
  que nunca es tiempo perdido,

- dejar de practicar muchas cosas que antes hacíamos...

pero también obtendrás muchas alegrías y satisfacciones, es... verdaderamente apasionante.

✳ LA CONVIVENCIA CON LOS HIJOS

El día a día familiar está lleno de situaciones aleccionadoras, momentos que pasan rápidamente y que acaso no vuelven nunca. Los hijos captan constantemente los detalles del ambiente y de las personas que les rodean; son como un tomavistas que jamás cierra el objetivo y nunca deja de funcionar. Aprovecha esos momentos al máximo para inculcarles la virtud de la obediencia y no te arrepentirás.

Para educar basta tener sentido común, cariño y exigencia.

✳ CRECER UNO MISMO

Es imposible pensar en ayudar al crecimiento de una persona sin crecer uno mismo. Ser padre o ser madre es una aventura interior que nos obliga a mejorar para poder ayudar mejor a nuestro hijo.

Nadie puede dar lo que no tiene.

Y para educar hace falta cariño, respeto, comprensión, autoridad, ayuda, consejo, sacrificio, sumisión, y mil detalles más que los matrimonios verdaderamente enamorados viven sin darse cuenta y van esparciendo, también sin darse cuenta, en cada uno de los rincones de su hogar.

✴ Los primeros años del niño son fundamentales

Por su propia naturaleza, los niños aprenden. La ciencia demuestra que su cerebro comienza a incorporar conocimientos incluso antes de nacer, y que los siete primeros años de su vida son los más importantes en cuanto a aprendizaje de hábitos y destrezas. Durante estos siete primeros años, su cerebro se desarrolla casi al 90 % de su capacidad. Sin embargo, nosotros pensamos que son todavía pequeños y esperamos a que crezcan, sin darnos cuenta de que luego les costará más y quizá sea ya un poco tarde.

→ No funciona pensar que los hijos son...

Una pizarra en blanco sobre la que tu escribes

La personalidad y el carácter de un niño no están completamente formados, pero están ahí. Todos los niños nacen con una serie de potencialidades:

- **Los rasgos que han heredado.**

- **Un temperamento particular.**

- **Las capacidades innatas:** dones, talentos, habilidades...

No podemos pensar que parten de cero, hay que tener en cuenta todos estos aspectos y **centrarse en esos dones** y posibilidades del niño para **desarrollarlos al máximo.**

No son príncipes que transformamos en rana

Corren ciertas teorías que defienden que si dejamos a los niños a su aire, acaban siendo puros, completos, maravillosos... y que somos nosotros, los padres, quienes les causamos un lío. Hay parte de verdad en todo esto, los padres ejercemos una enorme influencia, pero está claro que, si les abandonamos a sus propios recursos, se regirán por la ley del mínimo esfuerzo.

Nuestros hijos necesitan de una mano que les guíe.

Todas las cualidades que poseen admiten un uso recto o torcido. Esta es la razón por la que tú, como padre o madre, desempeñas **un papel decisivo en su desarrollo.**

No son una prolongación tuya

Esta idea es difícil de aceptar porque está muy en el subconsciente de cada persona. Tu hijo no es una prueba viviente de tu valor o de tu cultura. Los hijos no están para demostrar nada. La vida no es una galería de arte, **es un taller.**

Si intentas que se parezcan a ti, les estás quitando su personalidad.

Se trata de conseguir que se convierta en un ser independiente. Hay una parte que nos corresponde a los padres y otra que le corresponde al hijo. Un aspecto importante de tu labor consiste en **apoyarles** en la parte que les corresponde a ellos.

→ Nuestras manías como padres

El efecto péndulo

Con bastante frecuencia solemos proyectar sobre nuestros hijos lo que no pudimos hacer nosotros de niños. Si algo nos causaba dolor en nuestra niñez, procuramos que nuestro hijo no pase por esta misma circunstancia. Si nuestros padres eran muy duros con nosotros, intentamos reflejar lo contrario con nuestros hijos. Más que tratarlos conscientemente según sus necesidades, lo hacemos como desearíamos haber sido tratados por nuestros padres.

El sindrome «de tal palo tal astilla»

Hay que evitar imponer a nuestros hijos las cosas que valoramos en nosotros mismos.

**Nuestros valores pueden serles útiles para situarse,
pero puede que lleguen a escalar una montaña más alta.**

En todo caso, será diferente. Se trata de ver al hijo como lo que es: un ser único. Para ello debemos desprendernos de cualquier expectativa que podamos albergar del tipo de virtudes que nuestro hijo debería tener, especialmente como respuesta a nuestro ego.

Es cierto que hay muchos padres frustrados con sus hijos, pero normalmente es porque:

- Tenemos expectativas poco razonables.

- No acertamos a descubrir la persona que es nuestro hijo.

- Reaccionamos ante una carencia que tenemos nosotros mismos.

¿Es que no basta con el amor que les damos?

Cuando son pequeños y vulnerables necesitan sentirse protegidos y esto es esencial para su seguridad.

Los niños necesitan mucho tiempo para jugar, pero también hay momentos en que deben saber controlarse, darle sentido a las cosas, esforzarse, etc. Un buen padre debe saber animarles en ese momento y orientarles para que encuentren su lugar y ejerciten las virtudes. En otros momentos sólo podremos consolarlos, quizá cuando pasen un momento más doloroso.

Hay que saber cuándo hay que proteger y cuándo hay que desmarcarse, para que sean ellos los que avancen solos y no crearles excesiva dependencia.

→ ## Educación por amor contra educación por miedo

Quiero ofreceros en este libro la posibilidad de que entendáis que nuestra actitud es la que debe cambiar a partir de ahora si queremos conseguir que los hijos obedezcan y cooperen.

A la hora de obedecer, existen dos respuestas muy distintas en nuestros hijos:

- **Por miedo:** los niños obedecen por temor a perder el amor y los privilegios o por miedo al castigo. Podríamos llamar a esta disposición obediencia ciega. No hay voluntad de obedecer. Conseguimos a corto plazo que el niño haga lo que le pedimos, pero no hay virtud porque no lo hace por propia voluntad. Se lo estamos imponiendo.

- **Por amor:** los niños obedecen al **fortalecerles su voluntad.** Creamos niños tenaces dispuestos a cooperar. No necesitan amenazas para respetar las normas. Actúan espontaneamente y toman decisiones con el corazón. Es más difícil conseguirlo pero su eficacia es total. Esta es la obediencia que trato de mostraros.

Se trata de formar personas **seguras de sí mismas,** niños que piensen por sí mismos pero abiertos a lo que les digan sus padres.

Con la amenaza del miedo lo único que consiguen los padres es que **se rebelen contra ellos.** Los bofetones y los gritos anulan la buena disposición del niño a escuchar y cooperar.

Podemos conseguir que nuestros hijos nos vean como un **enemigo** del que hay que ocultarse en lugar de alguien a quien recurrir en busca de apoyo. Se pierde la **confianza** y la comunicación.

Labor de apoyo de los padres

Dentro de cada niño se halla el proyecto perfecto para su desarrollo. No hay que pensar en qué hacer para que mi hijo sea bueno, sino reconocer que mi hijo es bueno.

Ante los problemas específicos de los hijos, debemos **ayudarles a enfrentarse** a ellos de manera satisfactoria.

Si queremos que crezcan, los niños **deben tener sus propios conflictos**. Eso desarrollará su propia **personalidad**.

→ ## ¿Cómo debemos actuar los padres?

Se está hablando mucho del niño, pero la clave está en los padres. Varias son las facetas de un padre a la hora de educar a su hijo.

Ser educadores

Aprovechar la escuela de la vida cotidiana en el propio hogar, llena de pequeños detalles y situaciones donde podemos enseñar a nuestro hijo infinidad de virtudes y, entre ellas, la obediencia.

Tener autoridad

Estar siempre seguros de lo que queremos y de lo que buscamos, tener la última palabra, marcar los límites y ser coherentes: lo que es sí, siempre es sí, y lo que es no, siempre debe ser no.

Ser consejero y guía

Ayudar al hijo a que encuentre la solución él mismo, antes de hacer el trabajo por él. **Ayudar sí, sustituirle no.**

Sé que esto no es nada fácil. Por eso me dispongo a ofreceros las **5 estrategias** que nos ayudarán en esta difícil pero atractiva tarea.

**Los hijos son el negocio más importante
que tenemos entre manos**

SEGUNDA PARTE

LAS 5 FASES DEL MÉTODO

PRIMERA FASE
8 ESTRATEGIAS PARA CONSEGUIRLO

→ **Para pedir las cosas a nuestro hijo,
no ordenemos ni exijamos**

Lo primero que hay que hacer es aprender a dirigir a nuestros hijos de la manera más eficaz.

Dar órdenes sistemáticamente no funciona.

¿Te gustaría que en tu trabajo te estuvieran diciendo siempre lo que tienes que hacer? Pues el niño está repleto de órdenes. No me extraña nada que la madre se queje de que su hijo no le escucha, es más, no le hace ni caso. ¿Acaso no desconectarías si alguien te estuviera dando la lata continuamente?

Estas son, por ejemplo, las ordenes que un niño recibe constantemente: Guarda esto, no dejes esto aquí, no hables así con tu hermano, átate los cordones de los zapatos, ve a cepillarte los dientes, apaga la televisión, cómete la verdura, ponte la camisa por dentro, arregla tu habitación, etc.

**Las órdenes repetitivas debilitan los canales
de comunicación y el niño desconecta.**

Pónlo en práctica: ¿Por qué no pruebas en lugar de dar esas órdenes a pedir o solicitar?

¿Acaso no preferirías que tu jefe te pidiera las cosas en lugar de exigírtelas? Seguro que tú responderías mejor. Pues tus hijos también.

Es un cambio muy sencillo pero requiere mucha práctica. Por ejemplo:

- En lugar de decir: «ve a cepillarte los dientes» di: «¿**querrías** ir a cepillarte los dientes?».

- En lugar de decir: «deja de pegar a tu hermano» puedes decir «¿**querrías** dejar de pegar a tu hermano?»

→ Inténtemos utilizar «querrías» en lugar de «podrías»

Al formular una petición hay que asegurarse que utilizas «querrías» en lugar de «podrías».

«**Quieres**» hace milagros mientras que «puedes» o «podrías» crea resistencia o confusión.

En el primer caso estás pidiéndole algo y le estás invitando a participar. En el segundo caso, con «puedes», estás anulando la buena disposición innata de los niños para cooperar.

Los niños empiezan a sentirse útiles de esta manera.

Un efecto secundario muy interesante es que, utilizando la palabra «querrías» o «quieres», estamos preparando a nuestros hijos para dominar el arte de pedir lo que quieren y dominarlo.

→ Evitemos las preguntas retóricas

El uso de palabras retóricas es peor que el "podrías" o "puedes". Son muy negativas para conseguir cooperación. Normalmente este tipo de preguntas lleva un mensaje negativo aunque posiblemente. Por ejemplo:

A un niño quisiéramos decirle:
– ¿Querrías ordenarme la habitación, por favor?

Y sin embargo nos sale:
– ¿Por qué sigue la habitación desordenada?

Hay mucho mensaje en esta segunda petición: «Eres malo, todavía no la has ordenado. Eres un vago. No me haces caso». Estamos colocándonos en contra de nuestro hijo y eso no genera cooperación.

**La culpa de su falta de cooperación está en nosotros,
que no hemos sabido pedírselo bien.**

→ Intentemos ser lo más directos posible

Muy a menudo, les decimos a nuestros hijos lo que nos molesta pero, a continuación, no hacemos ninguna petición. Es como pescar en el desierto. Tenemos pocas posibilidades de conseguir que obedezcan. Por ejemplo:

Si les decimos:
– Niños, hacéis mucho ruido.

Falta comentar directamente lo que les pedimos:
–¿Querrías callarte?

**Si queremos una respuesta directa, la petición debe ser
directa y no debe centrarse en la expresión negativa.**

→ ## No hace falta dar explicaciones

Para motivar que el niño haga algo no debemos dar ningún tipo de
explicación. Esto no funciona. Debe quedar claro que **papá y mamá
mandan.** Por ejemplo:

No es correcto decir:
– Es hora de acostarse, mañana será un día importante. ¿Querrías ir
a cepillarte los dientes?

Simplemente di:
– ¿Querrías ir a cepillarte los dientes?

Omitamos la explicación. Los niños se resisten a las razones:
– No estoy cansado, todavía es muy pronto, etc.

**Cuando omitimos las razones,
tienen menos motivos para resisitirse.**

Quizá a alguno le parezca que es bueno dar explicaciones a las cosas.
Yo también lo pienso, pero no en el momento en que les das una
orden. Aprovecha el momento más oportuno, cuando ya han obe-
decido y están descansando.

– Estoy muy contento contigo porque te has cepillado los dientes
muy bien. Además mañana será un día muy importante y hay que
dormir mucho para estar bien.

→ Sobran los sermones

Los padres somos muy dados a dar sermones a los niños y no nos damos cuenta de lo contraproducente que es esto. Por ejemplo:

– No está bien pegar a tu hermano. Pegar está mal. ¿Querrías dejar de pegar a tu hermano ahora mismo, por favor?

No funciona y, además, parece artificial. Queremos motivar al niño para que obedezca pero conseguimos lo contrario.

Los sermones hay que darlos cuando lo piden.

Muchos padres se quejan de que sus hijos no hablan con ellos. Esto es precisamente porque hay un exceso de sermones y consejos. Desconectan y su predisposición es negativa.

Hay momentos muy interesantes en el que el niño está receptivo que hay que saber aprovechar. Aprovéchalos pero con prudencia. Ya encontrarás más momentos.

→ Los sentimientos no sirven para manipular

Los sentimientos se transmiten entre los iguales. Si quieres desahogarte por algún motivo, hazlo con tu marido o con tu mujer. Utilizarlos con los hijos para que cooperen es un error contraproducente.

**No habría que utilizar los sentimientos negativos
para motivar a los niños a que obedezcan.**

Por ejemplo:

– Cuando haces esto me siento muy decepcionado. Trabajo mucho para que vivas bien y tú no haces ningún esfuerzo. Quiero que hagas lo que te digo.

Este niño sólo tiene dos opciones: sentirse mal o mostrar indiferencia. Ninguna de las dos es saludable.

No es bueno apoyarse en los hijos para encontrar consuelo emocional.

Lo que sí está muy bien es comunicar los **sentimientos positivos** a los hijos.

Algunos padres piensan que si decimos «estoy muy enfadado», eso motivará a su hijo.

Seguro que conseguirás que el niño obedezca, pero como es una intimidación basada en el miedo no conseguirás que esté dispuesto a cooperar.

Esto no quiere decir que si un hijo nos pregunta cómo nos sentimos no se lo contemos. Lo malo es utilizarlo para que haga algo.

→ La fórmula mágica para conseguir más cooperación

Hasta los 9 años cualquier orden realizada a un hijo reafirma la separación padre-hijo en lugar de actuar con la conexión natural que tienen los niños con los padres. Por eso, siempre que sea posible, invita a los niños a participar en alguna actividad contigo. Por ejemplo:

A la petición:
– Querrías arreglar la habitación

le añadiríamos:
– Preparémonos bien para la fiesta.

De esta forma estás invitando a tu hijo a que se una a ti consiguiendo seguramente una mayor cooperación.

SEGUNDA FASE
4 SOLUCIONES FUNDAMENTALES

NUESTRO HIJO
NO QUIERE OBEDECER...

→ **Pero... ¿qué hay que hacer si, aplicando estas técnicas, el niño se resiste a obedecer?**

No hay que preocuparse si la primera vez que utilizamos este método los niños no nos hacen caso o se ríen. No pasa nada. ¿Acaso tú haces siempre todo lo que te piden?

Este tipo de petición, además, requiere práctica, pero con el tiempo se convertirá en un acto reflejo.

Si se resisten, hay que pasar a la **segunda fase.** Siempre es bueno que se resistan un poco.

Antes de obedecer ciegamente, es mejor que se resistan para que la obediencia sea realmente cooperación.

Lo habitual es obligar al niño mediante una amenaza o castigo, pero, con eso, lo único que conseguirás es **perder su disposición innata a cooperar.**

Lo que hay que hacer es alimentar su VOLUNTAD.

Al alimentar las necesidades de nuestros hijos en momentos de resistencia, podemos minimizar muy eficazmente su resistencia al mismo tiempo que mantenemos intacta su voluntad.

Estas son las cuatro formas de alimentar sus necesidades:

- **escucha y comprensión**

- **preparación y estructura**

- **distracción y dirección**

- **ritual y ritmo**

Cuando se atienden bien estas necesidades el niño reacciona positivamente pone menos trabas y está más dispuesto a cooperar.

Aunque estas necesidades son universales, cada niño es único y puede necesitar más de un área que de otra.

Es muy necesario que los padres sepan distinguir el temperamento de cada uno de sus hijos para que se reduzca eficazmente la posible resistencia planteada anteriormente.

LOS 4 TEMPERAMENTOS DEL NIÑO

Existen cuatro temperamentos distintos en los niños.

Eso hace que unos respondan mejor a un enfoque que a otro.

Hay que identificar a cada uno de nuestros hijos según su temperamento para saber qué técnica utilizar y reducir la resistencia. Ningún temperamento es mejor o peor, simplemente son diferentes.

1. Los niños sensibles

Una breve descripción:

- Son más emotivos.
- Responden a la escucha y a la comprensión.
- Todos los niños necesitan comprensión, pero estos lo necesitan más para liberar su resistencia.
- Quejarse forma parte de su carácter. Cuando tienen la oportunidad de revelar su carga, se alegran.
- Necesitan entonces que les validemos su dolor y sus luchas.
- Si no lo hacemos, exageran más sus problemas para conseguir la empatía que necesitan.

POR EJEMPLO:

Si dice:
– Me duele el estómago,

y no obtiene una respuesta considerada, la frase se convierte en:

– Me duele mucho el estómago y la cabeza y nadie me hace caso.

* NO FUNCIONA

Intentar animarle será un error grave.

Explicarles por quú no deben estar disgustados.

Cuanto más le centremos en cosas positivas, más se fijará en lo negativo para encontrar comprensión.

**Hay que escuchar más y no tratar de solucionar el problema
del hijo para que se sienta mejor.**

* **¿Qué debemos hacer?**

**Los niños sensibles quieren saber que no están solos
y que sus padres también sufren.**

No se trata de buscar el apoyo emocional en el hijo pero sí podemos contarle alguna de nuestras luchas:

Precisamente hoy me he sentido fatal, me he quedado atrapado en un atasco.

Este enfoque satisface una **necesidad** concreta del niño.

* **¿Cómo responder a un niño sensible que ofrece resistencia?**

Tienen que oír frases empáticas como ésta:

– Comprendo que estés decepcionado, querías hacer esto y yo quiero que vayas allí.

Si no les **apoyamos** no pueden desprenderse de su resistencia. Hay que dejarles claro a estos niños que **es aceptable tener sentimientos negativos.** Descargar esos sentimientos es un gran **alivio** para ellos.

**Muchos padres piensan que a su hijo le pasa algo
y empeoran las cosas.**

Después de prestar atención a los sentimientos de un niño sensible, debemos darle **tiempo y un poco de espacio** para que se sienta mejor.

Cuando se sienta mejor **no le demos mucha importancia** a este cambio. No le hagamos pensar que le pasaba algo y ahora está bien. Siempre ha estado bien.

2. Los niños activos

Una breve descripción:

- A los niños activos **les interesa hacer cosas,** conseguir resultados.
- Se sienten automotivados y están dispuestos a cooperar cuando **saben lo que tienen que hacer** o tienen un plan.
- Siempre están dispuestos a **avanzar,** dirigir o hacer las cosas a su manera.
- Les gusta ser el **centro de la acción.**
- Siempre quieren **tener razón.**
- Tienden a ser **dominantes.**

**Deben tener claro siempre de antemano cuál es el plan,
cuáles son las normas y quién manda.**

POR EJEMPLO:

Podemos decir:
– Vamos a hacer lo siguiente: primero jugaremos en los columpios y luego pasaremos al tobogán. Haremos turnos de dos minutos y luego cambiaremos.

Al preparar a este niño activo con una estructura clara, se mostrará muy dispuesto a cooperar.

☆ NO FUNCIONA

No dudemos ni le preguntemos su opinión directamente.

☆ **¿Qué debemos hacer si no nos hace caso?**

Si se resiste a lo que les pedimos después de que haya dado instrucciones, agradezcamos su sugerencia y luego decidamos otra vez qué se hará. Por ejemplo:

Si dices:
–Vayamos a los columpios y luego al tobogán,

el niño puede decir:
– Pero si el tobogán es más divertido, empecemos por el tobogán.

El padre, si es sensato dirá:
– Buena idea. Hagamos esto.

A estos niños les encanta tener razón y se sienten estupendamente si se tiene en cuenta su opinión.

* **Pero demos un paso más.**

**Para minimizar la resistencia de los niños activos
lo mejor es hacer que sean los primeros y/o hacerles
responsables de algo cuando esto es posible.**

Tienen mucha energía y **necesitan la estructura** de los padres para expresar esta energía de manera armoniosa. Si se les da responsabilidad, se manifiestan muy dispuestos a complacer. Por ejemplo:

En este caso diremos:
– Primero iremos al tobogán y todo el mundo tendrá la oportunidad de bajar y subir. Luis, tú serás el encargado de asegurarte de que todo el mundo baja y sube una vez. Puedes empezar tú para enseñarles a los demás cómo se hace.

**Los niños activos quieren sentir que les necesitamos
y que confiamos en ellos.
Se muestran más dispuestos a cooperar.**

* **Otras ideas que pueden ayudarle:**

• El niño activo tiene mucha energía y se frustra si tiene que permanecer mucho rato quieto. **Suele meterse en líos.** Puede solucionarlo si consigue planificar sus actividades.

Una manera de minimizar su resistencia es **agotarle.** Por ejemplo:

Si tienes que esperar, invéntate un juego para que recorra una cierta distancia, cronométrale el tiempo que tarda, etc.

**A los niños activos les encantan los retos.
Reconozcamos sus logros y desaparecerá su resistencia.**

- Los niños activos aprenden a conocerse a sí mismos haciendo cosas y cometiendo errores.

**Necesitan que reconozcamos sus logros
y que perdonemos sus errores.**

Tienen una mayor tendencia a meterse en líos. Si les castigamos, se esconderán y defenderán sus errores y **no madurarán.**

- Cuando se resiste a nuestras peticiones hay que tener en cuenta que **le cuesta escuchar, necesita actuar.**

Por tanto hay que invitarle a participar juntos en lo que le pedimos:

–Veo que estás jugando y no quieres arreglar la habitación. Hagámoslo juntos. Se hace así.

Esperar a que haga algo no resulta muy eficaz.

Los niños activos abandonan su resistencia **si participan** en alguna actividad.

Aunque sólo ayuden un poco, agradezcamos su ayuda y reconozcamos lo bien que ha quedado la habitación. Por ejemplo:

Podríamos añadir: Hemos hecho un buen trabajo.

No hay mejor motivación que el propio éxito.

- Los niños activos se conocen a sí mismos por lo que han hecho y por los resultados. **Les gusta el poder.**

Cuando se resisten a nuestras peticiones, a menudo hay que decirles con firmeza que: es aceptable resistirse pero que papá y mamá mandan. Por ejemplo:

–Veo que estás descansando en la cama y **quiero** que empieces a arreglar la habitación.

Si el niño no reacciona, empieza a arreglar la habitación y di:
– Empecemos por aquí.

Las frases con«quiero» minimizan la resistencia al recordarle al niño activo **que mandamos nosotros.** Sin el apoyo adecuado, estos niños tienden a descontrolarse y responden mal.

Además de proporcionarles estructura y supervisión hay que dejar claro que no está mal equivocarse y sabemos que siempre hacen todo lo posible.

Cuando están fuera de control, tienden a amenazar a los demás o sufrir pataletas. Muchos padres tienen miedo a enfrentarse a este tipo de niños. Suelen posponer estos enfrentamientos porque requiere mucha energía. Esto no hace más que agravar el problema.

Tienen que saber dónde están los límites más que otros.

¿Qué podemos hacer?

Podemos, por ejemplo mandarles a su habitación. De esta forma recordarán quién manda y conseguirán la estructura que necesitan.

Los niños activos **necesitan tener razón y odian que se les diga que se equivocan.** No soportan que se les corrija delante de otros.

**Si los comentarios se les hacen en privado,
se resisten menos.**

Valoran mucho a los padres que les ayudan a no quedar mal.

- Los niños activos quieren las cosas más deprisa. Se resisten a los niños más lentos. Pueden aceptar un ritmo más lento si se les da una responsabilidad o una tarea que suponga una ayuda a alguien. Se sienten importantes.

→ Los niños despiertos

Una breve descripción:

- Los niños despiertos necesitan **distracción y dirección.**
- Son sociables y extrovertidos.
- Se sienten automotivados a ver, oír, probar y experimentar todo cuanto la vida puede ofrecer.
- Cobran vida ante los nuevos estímulos.
- Les gusta el cambio y se resisten a tener que concentrarse.
- Tienen mayor necesidad de ser libres, de hacer las cosas **ellos mismos.**
- Con frecuencia no acaban una actividad y se limitan a pasar de una experiencia a otra.

**Es importante que los padres comprendamos esto
y no preocuparnos**

Necesitan moverse. El caos forma parte de su proceso de aprendizaje. Más adelante, **si se les da libertad** para explorar irán cambiando y mejorando ellos mismos, se concentrarán más y aprenderán a profundizar en las cosas.

Se distraen con tanta facilidad que necesitan muchas instrucciones para saber qué hay que hacer. Cuando olvidan nuestras instrucciones no es que se opongan a ellas: es que ciertamente se han olvidado. Nunca hay que avergonzarlos por eso. Gradualmente aprenderán a mantener la concentración.

⭐ ¿Cómo minimizar su resistencia a cooperar?

Cuando se resisten a nuestras peticiones, hay que **reorientarlos hacia otra posibilidad,** una nueva oportunidad o actividad.

En lugar de comprensión y estructura, este niño necesita distracción y luego reorientación.

Con la distracción conseguimos **que esté dispuesto a cooperar.** Por ejemplo:

Si queremos que nuestros hijos nos ayuden a lavar los platos utilicemos la **música.** Cantad mientras fregáis los platos. La canción les distrae y **facilita** la cooperación.

Después, agradezcamos la ayuda. No sabes lo divertido que es para ellos una experiencia así.

Hay que utilizar la distracción para **reorientar.** Por ejemplo:

Si un hijo se resiste a ponerse el abrigo, hagamos una pausa para acabar la lucha con el poder y empecemos hablándole como si estuviéramos contándole un cuento lleno de luz y de color, con mu-

cha imaginación y cariño, y terminemos diciendo afectuosamente:
– Ahora pongámonos el abrigo.

Establece una comunicación e invita luego a la participación.

El niño **abandona** la resistencia y establece una **armonía** con nosotros. Por tanto, está más dispuesto a colaborar.

→ El niño receptivo

⋆ Una breve descripción

- Quieren saber qué pasa a continuación y necesitan saber qué pueden esperar.
- Cuando lo tienen claro, están dispuestos a cooperar.
- Las situaciones desconocidas en que no saben lo que ocurrirá desencadenarán **resistencia.**
- Necesitan mucha **rutina, repetición y ritmo.**

⋆ ¿Cómo debemos actuar?

Hay que **fijar una hora** para comer, dormir, jugar, etc. Por ejemplo:

Responden bien cuando se les tranquiliza con frases como:
– Es hora de hacer esto.

⋆ Otros aspectos de su carácter:

- Son los niños más buenos y considerados.
- **Necesitan más tiempo** para hacer las cosas metódicamente y se resisten al cambio.
- **No pueden tomar decisiones rápidas.**

No hay que preguntarles qué quieren, sino que debemos que decirles qué tienen que hacer.

- Siempre que no implique **un cambio** muy importante, están dispuestos a cooperar.
- Las cosas que suceden en su entorno tiene que ser previsibles. **La repetición** les reconforta.
- **No tienen iniciativa y no son creativos.**
- Les encanta el **consuelo físico** y participan sobre todo mediante **la observación.**
- Le cuesta participar activamente y hacia los 7 años será bueno fomentar esa participación pero sin forzarle.

☆ NO FUNCIONA

No le preguntes:
– Te gustaría participar.

Hay que decirle:
– Es hora de que participes.

Si se resiste:
– De acuerdo, ya veo que prefieres mirar. Avísame cuando quieras participar.

Con frecuencia desatendemos a los niños tranquilos porque no causan problemas. Pero también necesitan luchar y resistirse.

¿Cómo conseguirlo?

Hay que **motivarlos para que hagan cosas** y **desafiarlos** aunque prefieran dormir o quedarse en casa. A estos niños **hay que darles una tarea**. Si no se les motiva puede ocurrir que no les interese nada.

La seguridad de las rutinas frecuentes, los rituales y el ritmo les dan apoyo para asumir gradualmente los riesgos necesarios para hacer algo nuevo.

Si se produce un cambio, no suele quererlo. El hecho de que no quiera hacer algo **no es motivo para que no lo haga.** Nunca querrán hacer nada nuevo.

¿Qué hacer cuando se resisten?

- Hay que mostrar **dulzura** y **nunca debemos obligarles** a participar. No olvidemos que con el mero hecho de mirar ya quedan satisfechos. **Insistamos** en darles la **oportunidad** de ampliar su nivel de participación pero no les presionemos.

- No les gusta que les **interrumpan:** quieren llegar hasta el final. **La repetición les da seguridad.** Se resistirán cuando intentemos detenerlos aunque su resistencia a menudo es silenciosa. **Tienen mucho miedo de decepcionar** a sus padres o ser rechazados.

- **Rituales cariñosos.** Por ejemplo:

– El sábado por la mañana papá preparará chocolate para desayunar, mamá siempre nos lee un cuento antes de acostarnos, cuando papá está contento siempre canta su canción favorita, una vez al mes cada hijo pasa el día solo con papá y mamá.

**Poder recordar el hecho de sentirse querido
y apoyado nos proporciona un gran nivel de seguridad
para el resto de la vida.**

Tener un **horario familiar** y personal proporciona **ritmo** a la vida de un niño. Crear unas rutinas antes de acostarse para que se laven, se cepillen los dientes y se pongan el pijama **resulta muy útil** para el niño.

TERCERA FASE
¿SABEMOS ESCUCHAR A NUESTROS HIJOS?

Cuando un hijo no quiere cooperar, normalmente es porque **le pasa algo**, o desea o necesita otra cosa. Si conseguimos descubrirlo reduciremos la oposición de los hijos o desaparecerá esa resistencia.

Esta identificación del problema puede conseguirse aprendiendo a **comunicarse**, porque está claro que el deseo principal del niño es el de cooperar. En lugar de estudiar métodos que lleven a conseguir la obediencia del niño a través del miedo o la culpabilidad, la educación positiva busca la manera de **despertar esa buena predisposición** en el niño.

Cuando los niños detectan que les **comprendemos** reducen su resistencia. Pero no basta con comprenderles. Tenemos que comunicarles que les comprendemos. Si se resisten es porque creen que no les comprendemos. Si realmente queremos conseguir que los hijos obedezcan y no pongan resistencia a lo que les pedimos, debemos **escuchar y comprender**.

Siempre pensamos qué quieren, qué desean, qué necesitan nuestros hijos. Muchas veces oponen resistencia porque quieren decirnos que **quieren otra cosa**. Comprender eso reducirá su resistencia. Pero no basta con comprender, habrá que comunicarles satisfactoriamente que lo comprendemos. Aunque eso no significa que se lo demos.

→ Dediquemos tiempo a escuchar

–Quiero una galleta– dice el niño.

–Es casi la hora de cenar. Quiero que esperes hasta después de cenar y entonces te daré una galleta – responde el padre.

–Pero la quiero ahora…– dice el niño.

El niño se enfada y tiene una pataleta. El padre primero **escucha** para **comprender** su resistencia. Después dice **con calma:**

–Estás muy enfadado porque quieres una galleta pero no te la voy a dar.

En ese momento el niño **se sosiega** porque ve que el padre sabe lo que quiere.

–Tendrás que esperar a después de cenar– dice el padre.

Puede ser que con este grado de comprensión baste aunque en otros casos no será suficiente para que coopere.

✳ ¿Qué hacer si se resiste?

Después de liberar la ira que surgió durante su berrinche, ahora está decepcionado y triste pero su resistencia es distinta.

–Nunca consigo lo que quiero. No quiero esperar– dice el niño.

El padre de nuevo proporciona **comprensión e identifica la necesidad:**

44

– Comprendo que estés triste. Quieres una galleta y no puedes esperar. Sé que para ti es mucho tiempo.

– Sólo quiero una. ¿Por qué no puedes darme la galleta?

El padre **evita dar explicaciones** y **sigue identificando los sentimientos** del niño.

– Sé que tienes miedo de no conseguir la galleta. Pero tendrás tu galleta, te lo prometo. Ven aquí, hijo, deja que te abrace. Te quiero mucho.

En ese momento el niño se derrite en los brazos de su padre y recibe **el amor, la tranquilidad y el apoyo** que necesitaba desde el primer momento.

⋆ Las dos condiciones

Para comunicar que escuchamos las necesidades de un niño, deben cumplirse dos condiciones:

1. La madre o el padre deben transmitir un mensaje de **validación** (comprensión) y

2. el niño debe ser consciente de que se le **escucha**.

**Cuando un niño necesita ser comprendido
y esta necesidad se satisface, la parte más dura
de la lucha ha terminado.**

→ **Una educación basada en el amor exigente**

Existen dos formas de hacer frente a la resistencia de nuestros hijos:

- el amor **basado en la exigencia** y
- el amor **blando**

Los padres que utilizan el amor duro creen, equivocadamente, que tolerando la resistencia de sus hijos los **malcriarán** y que los hijos tienen que saber quién manda.

Este planteamiento final es correcto enfocado de la siguiente forma:

**Los niños, para sentirse seguros, deben saber
que los padres son los que mandan.**

No se puede castigar al niño o ser intransigentes en su resistencia. Hay que implantar el método del amor exigente.

**¿En qué consiste el método del amor basado
en la exigencia?**

Quizá con estos conceptos puede entenderse mejor el método.

Enseñemos a los niños **quién manda**, y **no toleremos** su resistencia innata. Sin embargo, hagámoslo por **vía del amor,** pues los métodos del **miedo** no sirven. Tienen un **efecto negativo.**

El castigo tiene un efecto a corto plazo. «Cumplen» lo que les decimos. Pero cuando puedan, **desobedecerán.** Todo esto dificulta el desarrollo natural del niño.

Doblegar a nuestros hijos y enseñarles a seguir unas normas **ciegamente** no les sirve de nada y **anula su voluntad.**

Cuando los padres pueden responder con **calma** a la resistencia de un hijo, sin amenazarlo con un castigo, el niño aprende gradualmente a hacer frente a la vida.

→ Una educación basada en el amor blando

Muchos padres no se atreven a exigir a sus hijos. Les quieren y piensan que hay que escucharlos, pero no entienden la importancia que tiene **mandar.**

✻ NO FUNCIONA

- **Ceden** ante la resistencia de sus hijos porque **quieren hacerle feliz.**

- **No soportan ver a sus hijos disgustados** y **hacen todos los sacrificios posibles** para complacerlos.

No saben cómo poner fin a una pataleta y ceden a las necesidades del niño.

Al ceder les estamos transmitiendo que con una pataleta se puede conseguir lo que ellos quieren.

Por lo tanto no habrá cooperación.

Algunos expertos opinan que lo que hay que hacer es **dejarles elegir** para evitar la resistencia de un niño. Y efectivamente es así, pero no crea cooperación. Perdemos poder. Además, los niños menores de 9 años no necesitan elegir. Les crea ansiedad.

Necesitan unos padres fuertes que sepan qué es lo mejor;

No necesitan más alternativas.

CUARTA FASE
HABLEMOS DE LOS CASTIGOS
Y DE LOS PREMIOS

→ El castigo

Muchas veces los padres no queremos castigar pero no conocemos **otra solución.** La verdad es que funciona bien a corto plazo.

Efectivamente, a corto plazo conseguimos resultados pero **no despierta la voluntad del niño** para cooperar y ayudar a los padres.

Algunos expertos proponen **aplicarles las consecuencias de su comportamiento.** Con esto intentan eliminar la humillación del castigo. El niño recibe un mensaje más positivo:

– No importa que te hayas equivocado, pero ahora debes pagar las consecuencias de tu comportamiento.

Esta técnica **disminuye la culpabilidad** y es más humana pero se basa todavía en el **miedo.** Es mejor que la del castigo, aunque no despierta el sentimiento de cooperación en el niño.

⋆ Por qué y cuando funciona el castigo

- Sentir dolor nos lleva inmediatamente a **corregir** nuestras faltas.
- Sentir dolor **motiva** un cambio para evitar el dolor en el futuro.

- Nos hace pensar en lo que hemos hecho.
- El dolor es el mejor **maestro.**

⋆ **Pero... ¿hay algo mejor que el castigo?**

Mucha gente se resiste a renunciar al castigo porque el amor blando ha fracasado.

Pero todos los padres piensan que debe haber otra manera de hacer las cosas.

Y afortunadamente la hay.

→ Motivemos a los hijos con premios

⋆ **Pero ¿y cuando hacen algo mal? ¿Cómo reaccionamos?**

**En lugar de centrarse en el comportamiento negativo,
la educación positiva se centra en el comportamiento positivo.**

**El premio o la recompensa despiertan en el niño
el deseo de cooperar.**

Para entender por qué funciona la recompensa hay que estudiar los dos motivos por los que los niños se portan mal.

- Cuando los niños **no consiguen lo que necesitan,**
  se descontrolan y se portan mal. No lo hacen porque sean malos, sino porque están fuera de nuestro control.

- Depende de **la manera en que el padre o la madre tratan el comportamiento rebelde del niño.** Si se centran en el comportamiento negativo recibirán una respuesta negativa.

Por qué funciona premiar.

- Premiar a los hijos por el buen comportamiento significa **centrarse en sus buenas acciones.**

- Si castigamos centramos la acción en las acciones negativas y lo bueno no tiene oportunidad de **salir.**

- Cuando prestamos atención a algo ese algo **crece.** Por tanto, la actitud que presentamos es **comprensiva: que no está mal equivocarse y olvidamos lo sucedido para seguir adelante.**

- Si premiamos el comportamiento positivo estamos potenciando este comportamiento.

Siempre que nuestro hijo avance en la dirección correcta, reconozcamos su éxito y seguirá avanzando en esa dirección.

✳ POR EJEMPLO:

Coloca una tabla de tareas y comportamientos positivos. Antes de acostarse revisa la lista con tus hijos y pon estrellitas si lo hacen bien y en blanco si no lo hacen, y no le des más importancia.

Cuando las estrellitas lleguen a 25 puntos habrá que hacer algo especial: doble tiempo para leer un libro, ir a tomar un helado juntos, etc.

★ **Hablar en positivo:**

Hay que reconocer que somos bastante cenizos y nos salen más las frases negativas que las positivas. Por ejemplo:

– No me estás escuchando.
– **Por favor, préstame toda tu atención.**

– No seas tonto.
– **Repasemos otra vez este asunto.**

– No has guardado los libros.
– **¿Querrías guardar los libros, por favor?**

Hemos de corregir a nuestro hijo, pero conviene reconocer mucho más su conducta positiva.

Eso les motiva a cooperar y les generará autoestima, seguridad en sí mismos.

Resumiendo y aclarando las ideas:

• La educación positiva **motiva** a los niños para que cooperen.

• **Preguntamos,** no ordenamos.

• Nos centramos en **alimentar** sus necesidades.

• Prestamos **atención** a su resistencia y no les damos sermones ni les castigamos.

• Cuando esto no funciona utilizamos los **premios** como motivación.

- Utilizar solamente premios es **contraproducente.**

- Los premios motivan pero no les proporcionan toda la **comprensión, estructura, dirección y ritmo** que necesitan.

- **Comprender las recompensas:**

> **Proporcionar pequeños premios hace que la educación de los hijos sea más fácil.**

Por ejemplo:

No conseguía por ningún método que mi hija se limpiara los dientes hasta que me decidí proponerle un premio:

– Si te limpias los dientes después de cenar, tendremos más tiempo para contar dos cuentos.

Mi hija terminó de cenar y se lavó los dientes sin rechistar.

Hay algunos padres que temen que los hijos pidan **siempre** un premio antes de hacer algo. No es así. El premio **fortalece** la cooperación. Una vez conseguido, ya no lo necesitarán.

> **El problema está en encontrar la manera adecuada para dar premios.**

Debe ir ligado al comportamiento que se le pide al niño que modifique. Por ejemplo:

– Si te pones el abrigo ahora, tendré tiempo de ver tus dibujos en la escuela.

El secreto de los premios consiste en prestar atención a las cosas que más desean nuestros hijos y utilizarlas para recompensarlos. Por ejemplo:

Cuando un niño dice:
– ¿Podemos ir al parque esta semana?

Papá responde:
– Buena idea. Si tenemos tiempo, iremos.

En otro momento que se le resiste por algo, comenta:
– Si te terminas lo que hay en el plato, tendré tiempo
e iremos al parque.

Ha utilizado como premio algo que sabe que le va a gustar mucho.

✳ **Avisarles del tiempo de que disponen también es un factor de motivación muy bueno.** Por ejemplo:

Antes de decirles a los niños que ordenen sus cosas para ir a cenar, hagámosles saber que dentro de cinco minutos tendrán que empezar a recoger las cosas para ir a cenar.

Cuando a los cinco minutos se les avisa que deben recoger las cosas están más dispuestos a cooperar.

1. Pidamos, sin exigir.

2. Si el niño se resiste, escuchemos y alimentemos sus necesidades.

3. Si no basta, ofrezcámosle una recompensa.

4. Si no surge efecto, impongamos nuestra autoridad.

QUINTA FASE
PAPÁ Y MAMÁ MANDAN

→ **Mandar es...**

Decir a nuestro hijo qué queremos que haga.

Es importante tener claro algunos principios:

- Hay que mantenerse firme.
- Tiene que saber quién manda.
- El niño necesita un líder.
- Debe saber que cuando mandamos, nunca cedemos.
- Si sigue resistiéndose, repetimos el mandato.

→ **No utilicemos las emociones**

No nos enfademos, ni gritemos, ni amenacemos con castigos. Nuestro mandato se transforma en una exigencia y nuestra posición queda debilitada.

Nuestro poder de mando aumenta si no nos enfadamos.

No nos enfademos

Si alguna vez nos enfadamos o perdemos la calma, no pasa nada. Luego aprovechamos un momento tranquilo para pedirle disculpas.

Los niños no necesitan unos padres perfectos.

Si gritamos no conseguimos nada

Es una de la peores formas de comunicación. Los niños suelen desconectar. Deteriora nuestra condición de jefes. Entienden lo que les pedimos como amenaza y así no desean colaborar. No exijas, manda.

De forma positiva

A menudo lo primero que decimos es negativo. Si sucede eso, asegúrate de añadir algo positivo.

Sin dar muchas explicaciones

Otro error común es justificar lo que mandamos. Si el niño pregunta sin ánimo de discutir está bien, pero si es en tono desafiante hay que aplazar la aclaración para otro momento para centrarse en que cumpla el mandato. Las razones funcionan con personas de nuestro nivel, no con los niños.

Los niños no necesitan razones sino una mano firme.

El control lo tenemos nosotros y hay que recordárselo. Una buena respuesta puede ser:
– Porque soy tu madre.

TERCERA PARTE

Y TODO ESTO, ¿CÓMO SE HACE?

5 CASOS PRÁCTICOS QUE NOS PUEDEN AYUDAR

Este capítulo es eminentemente práctico. Agradezco al profesor Corominas la cantidad de ideas que ofrecen sus planes de acción. A ellos he acudido para plantear casos reales con soluciones concretas. Estoy seguro de que os serán muy útiles.

→ **Caso 1**
¿Cómo conseguí que mis hijos se hicieran la cama?

★ **Situación**
Tengo tres hijos de 4, 7 y 9 años.

Soy Sofía, su madre, y estaba cansada de decirles casi todos los días que debían hacerse las camas. Sólo obedecía el de 7 años y no siempre.

Aconsejada por una amiga, decidí solucionar el problema para conseguir cuanto antes que todos se hagan sus camas cada día.

★ **Esto es lo que me propuso**
Un buen día reuní a mis tres hijos en su habitación y les expliqué con cariño el modo de hacer las camas y la importancia de colaborar todos para que el cuarto esté agradable.

✴ ¿Qué pasó?

El primer día el objetivo no se cumplió y apliqué la técnica de motivación.

El segundo día los dos pequeños se hicieron la cama «a su manera» y el mayor no la hizo. Aproveché para felicitar a los pequeños y les di un abrazo. Al mayor le hice ver claramente que no le hiciese ninguna gracia hacérsela y le animé a solas encargándole a él la responsabilidad de que todas las camas estuviesen bien.

El tercer día les volvimos a motivar pues, aunque lo hicieron, no pusieron mucho interés.

El cuarto día las hicieron mucho mejor y el mayor ayudó al más pequeño. ¡No me lo podía creer!

✴ Qué conseguí

El orden de los cuartos mejoró considerablemente y se notó más predisposición a seguir haciéndolo.

→ Caso 2
¿Cómo conseguimos que obedezcan a la primera?

✴ Situación

Cristina y Javier tienen tres hijos: Javier (de 5 años), Nacho (de 4 años) y Ana (de 2 años).

No se puede decir que sean unos hijos desobedientes, pero los dos mayores están en un periodo idóneo para educarles en la obediencia, reforzarla y conseguir inculcarles el hábito para cuando sean mayores. Con Ana es distinto.

✴ Esto es lo que nos propusimos

Daremos pocas órdenes y claras, mirándoles a los ojos y sonriendo.

Cuando mamá y papá llaman, se acude inmediatamente y se hace caso a lo que dicen.

✱ ¿Cómo lo hicimos?

Lo primero que hicimos fue motivarles explicándoles lo bueno que es ser obedientes, lo contentos que se ponen papá, mamá, Jesús y ellos mismos.

Papá y mamá también obedecemos. Como ya somos mayores y tenemos edad de obedecer bien, papá y mamá obedecen a los guardias y a los jefes en la empresa donde trabajamos.

Todos los días leíamos los cuentos de la obediencia que se detallan en este libro y donde queda claro lo bueno que es obedecer.

Además, cuando obedecían les elogiábamos haciendo hincapié en lo contentos que estábamos por haber sido obedientes.

✱ ¿Qué pasó?

El primer día hubo alguna desobediencia y mamá lo tuvo que recordar.

El segundo día fueron un poco más obedientes, sobre todo a la hora de comer y bañarse. A Ana es a la que más le costaba obedecer.

Al tercer día comenzamos a notar una mejora sustancial. Seguía habiendo algún problema a la hora de acostarse, pero se les notaba que se estaban esforzando.

✱ ¿Cuál fue el resultado?

La mejora se notó en un corto plazo de tiempo. Para conseguir afianzar el hábito, hubo que seguir motivándoles durante algunas semanas y más adelante volver a poner en práctica el plan.

→ **Caso 3**
¿Cómo conseguí que cumplieran con las normas de la casa?

La familia Martínez tiene tres hijos: Alfonso (de 12 años), Jaime (de 9 años) y Belén (de 7 años).

Me llamo Mercedes, y soy su madre. A menudo me quejaba de que mis hijos eran unos desobedientes. Alfonso, por ejemplo, iba a lo suyo. Cuando se le pedía que hiciera algo, protestaba y normalmente contestaba mal. Además, no había manera de que estudiara a diario y su cuarto parecía una leonera. Al final siempre era yo quien lo tenía que ordenar. El segundo, Juan, practicaba la resistencia pasiva: sencillamente se hacía el sordo. Y Belén siempre acababa saliéndose con la suya.

⋆ **¿Qué nos propusieron?**

Mi marido (Alfonso) y yo establecimos cuatro normas para cumplir en casa:

I.   Hora de acostarse: hay que estar en la cama a las 21.30, con el pijama puesto, los dientes lavados y dentro de las sábanas. Después de rezar, mamá apagará la luz y no se volverá a encender. Si no estás en la cama a la hora prevista, al día siguiente te acostarás media hora antes.

II. Contestar: cada vez que contestes mal a papá o a mamá, deberás quedarte en tu habitación durante media hora para reflexionar.

III. Deberes: de 18.00 a 19.00 horas todos en casa se dedicarán a hacer los deberes. A quien no tenga deberes, mamá le asignará una tarea para realizar: redactar, leer... El que no cumpla el horario, deberá levantarse media hora antes a la mañana siguiente para estudiar.

IV. Peleas e insultos entre hermanos: cada vez que insultes a uno de tus hermanos, mamá sacará la hucha y el culpable pondrá 20 céntimos de sus ahorros. Al final del mes se comprarán unas golosinas para todos con ese dinero.

⭐ ¿Qué pasó?

Nos reunimos con nuestros hijos para explicarles que hasta ese momento no habían sabido obedecer y que habíamos decidido tomar una serie de medidas. Les explicamos en qué consistía obedecer y cómo la obediencia nos hace más libres y felices. Les hicimos ver que debían ser obedientes para que en casa estuviéramos todos más contentos y sin caras largas. Todos debían colaborar. Era como un taburete con tres patas, si falla una el taburete se cae.

Por fin, expusimos las cuatro normas y también les pedimos su opinión. Al día siguiente empezó todo.

⭐ ¿Cómo lo conseguimos?

En primer lugar mis hijos se quedaron bastante sorprendidos: era la primera vez que les convocábamos para algo así.

Alfonso aportó algunas sugerencias, como que a él, que era el mayor, le dejaran acostarse media hora más tarde. Nosotros pensamos que era razonable.

Los primeros días, especialmente Belén, intentó resistirse a las normas de irse a la cama sola y a una hora fija. Lloró y protestó, pero nos mantuvimos firmes, aunque le dejamos tener la puerta abierta del cuarto. Poco a poco se fue dando cuenta de que llorando sólo conseguiría acostarse antes y eso no le era nada rentable.

A Jaime lo que más le costaba era ponerse a hacer los deberes a la hora. Al principio había que repetírselo varias veces, pero llegó un momento en el que tuvimos que pasar a la fase de motivación especial:

– Si consigues hacer los deberes a la hora, podríamos ir juntos al partido este domingo –le dijo su padre.

Como es un gran aficionado y hacía tiempo que deseaba ir a ver uno, comenzó a mejorar. Juan se fue dando cuenta que su estrategia de hacerse el sordo no funciona. De repente empezó a descubrir las ventajas de obedecer y se puso los oídos.

A pesar de todo, Alfonso seguía bastante respondón, quizá por la edad. Sin embargo, nos propusimos hacernos respetar. Le hicimos ver que ese tema iba en serio. Y que comprendíamos la situación pero papá y mamá mandan.

⁎ ¿Cuál fue el resultado?
Mi marido y yo estamos contentos, aunque sabemos que todavía nos queda mucho por mejorar. Alfonso debe dedicar más tiempo a la familia y dominar su genio. Yo aún tengo que aprender a hacerme respetar y procurar no delegar la autoridad en mi marido. Ambos sabemos que tenemos que apoyarnos mutuamente.

→ ## Caso 4
¿Cómo conseguimos que cooperara mi hijo de 1 año?

Paquita y Quique tienen un hijo de 1 año (Álvaro) y parece que el asunto de obedecer no entra en sus pequeños planes.

⁎ ¿Qué nos propusimos?
No utilizar la palabra «NO».

⁎ ¿Cómo lo hicimos?
Para motivarle, cada vez que obedeciese, le daríamos un beso y nos pondríamos muy contentos.

★ ¿Cómo lo conseguimos?

En la casa hay algunos objetos que no queremos que se toquen o se abran. Álvaro, normalmente, en cuanto ve la oportunidad sale disparado para abrir la puerta donde está el cubo de la basura o el cajón de las patatas o la caja donde están los productos para limpiar los zapatos. También le encanta abrir y cerrar las puertas correderas dando golpes, encender y apagar el vídeo... Todo lo que tiene botones lo detecta fácilmente y disfruta jugando con ello.

★ ¿Qué pasó?

Decidimos no apartar a Álvaro de los lugares «prohibidos». Procuramos decirle con claridad lo que no debía tocar. Después, esperamos su reacción.

Al principio parecía que no nos quería escuchar, sin embargo aparecieron pronto los primeros resultados. Cuando le decíamos, por ejemplo:

–Álvaro, ahí hay basura, quiero que cierres la puerta.

Primero nos miraba, luego se reía y abría el armario de la basura, al tiempo que nos miraba. Sabía que no le estábamos quitando la vista de encima.

Esa operación la repetía varias veces, y cuando al fin decidía cerrar, esperaba el resultado: ¡una sonrisa y un abrazo! También le aplaudíamos y le decíamos algún piropo.

★ ¿Cuál fue el resultado?

Estamos consiguiendo que nuestro hijo aprenda a tener cuidado con ciertas cosas que no son para jugar. Álvaro sabe si lo hace bien porque, cuando obedece, se pone contento, se sienta en el suelo y espera felicitaciones.

→ **Caso 5**
¿Cómo conseguí que mis hijas mayores ayudaran al pequeño a obedecer?

Mi nombre es Santiago y mi mujer se llama Clara. Tenemos tres hijos: Carla (de 11 años), María (de 10 años) y Diego (de 4 años).

Al más pequeño le costaba obedecer a la primera. Había que poner solución a eso.

★ **¿Qué decidimos?**

En primer lugar, sabíamos que habría que ir poco a poco y pensamos apoyarnos en nuestras hijas mayores, así que les contamos el plan. Ambas se ofrecieron generosamente, para ayudarnos.

Yo dibujé una pista de coches en el ordenador y la imprimí. Recorté unas imágenes de coches que también conseguí en el ordenador y las pegué sobre imanes. Dividí la pista en varios segmentos. Cada uno representaba un día. Al final del recorrido dibujé un letrero bien grande que ponía «meta». Carla me ayudó a colorear todo. Un coche se utilizaría para la hora de la comida y el otro para la hora de la cena. Coloqué la hoja en el frigorífico a una altura en la que Diego pudiera avanzar con sus coches.

Cada vez que le llamáramos para comer a mediodía y obedeciera a la primera, podría avanzar con un coche y, si era la hora de la cena, avanzaría con el otro.

★ **¿Cómo lo hicimos?**

Mi mujer y yo le explicamos el juego. Le encantó la idea de jugar y las niñas nos ayudaron a motivarle mucho más, animándole con la canción de la obediencia que se incluye en el DVD adjunto. Cuando consiguiera que los coches llegaran a la meta, saldrían a pasear juntos donde él eligiera. Él dijo que, si lo conseguía, quería ir al zoo.

★ ¿Cómo lo conseguimos?

Los dos primeros días, Diego estaba emocionado con el juego, incluso buscaba otras oportunidades para hacer avanzar sus coches. El tercer día, a la hora de la comida, tardó en obedecer, pero al acordarse de que, si no se daba prisa, no podría avanzar su coche, salió corriendo y se sentó en el primer sitio que encontró.

★ ¿Cuál fue el resultado?

Diego fue avanzando con éxito y alcanzó la meta. Las hermanas le ayudaron mucho. Nosotros nos dimos cuenta de que cuando más le costaba obedecer era mientras veía la televisión y decidimos reducir el horario televisivo de la casa.

Tratamos de elogiarle más y de explicarle lo felices que nos sentíamos viéndole obedecer a la primera.

5 HERRAMIENTAS PARA FOMENTAR LA OBEDIENCIA EN CASA

→ Que los hijos aprendan a ser obedientes... divirtiéndose

Este libro forma parte de un método educativo familiar.

Si tenéis ganas de seguir leyendo, os daré unos consejos para utilizar el vídeo, las fichas, las marionetas... Os aseguro que son una verdadera «artillería», un tesoro que ayudará a nuestros hijos a enfrentarse con más eficacia a la gran tarea que les espera.

Os proporciono un montón de herramientas creadas por expertos para que vuestro hijo aprenda divirtiéndose.

Si queremos sacar el máximo provecho al MÉTODO, sigamos leyendo esta segunda parte del libro.

✳ Algunos consejos prácticos:

Tengamos en cuenta que el método **es un juego** y, por lo tanto, no debemos imponerle nada a nuestros hijos, siempre que cumplan las reglas de juego.

Hay que conseguir que el niño **quiera hacerlo.** Si no le apetece jugar, debemos dejarlo para otro momento. No obtendremos buenos resultados.

→ Cada día un cuento (por lo menos)

Los cuentos que propongo en este libro tienen una importante peculiaridad: presentan modelos muy adecuados para los hijos sobre la virtud de la obediencia. Esos modelos, bien interiorizados, pueden ser de mucha utilidad. El niño se identifica con los personajes del cuento y llega un momento en que, lo que el protagonista hace, en realidad lo está ejecutando él mismo. Si el cuento narra con detalle cómo el protagonista no sabe obedecer pero luego se da cuenta que ha obrado mal y que debe obedecer, estamos consiguiendo sumar situaciones para seguir educando a los hijo.

¿Cómo debemos contar el cuento?

Antes de contar el cuento hay que **crear un clima idóneo**. El niño debe estar concentrado porque, a partir de ese momento, el narrador será el personaje principal.

Aunque pueda parecer una verdad de Perogrullo, debemos **estar bien dispuestos** a contarlo. Si estamos muy cansados o mostramos poco interés, probablemente fracasaremos porque los hijo se percatan en seguida de esta situación.

Es necesario leer siempre:

- con claridad,
- vocalizando,
- con una entonación adecuada y
- gesticulando cuando la ocasión lo requiera.

Notaremos una gran diferencia. De la intensidad de la lectura, nacerá el interés de los hijos por escuchar la historia.

¿Cada cuánto tiempo debemos cambiar de cuento?

Nuestros hijos necesitan un tiempo para poder interiorizar el cuento y los mensajes que transmite. Además, sorprendentemente, no tienen ningún interés por cambiar de historia. Disfrutan escuchándola una y otra vez. Eso nos permitirá repetírselo a lo largo de dos semanas. Después podemos cambiar de cuento.

A continuación podemos leer tres cuentos que nos permitirán ir haciendo variaciones.

CUENTO 1. LA SETA EN CONSERVA
de Blanca Jordán

–¡Lucila, por favor, deja de jugar! –le decía Mamá Ardilla a su hijita–. Que me tienes que ayudar a poner la mesa...

–Ya voy, mamá ... –contestaba Lucila, pero nunca iba. Le gustaba demasiado jugar y jugar.

Un día que paseaba por el bosque, se encontró con una seta que le dijo:

–Lucila, bonita: ¿a que a ti te gusta mucho jugar y te molesta interrumpir el juego por ayudar a mamá?

–Sí, sí –contestó Lucila–. ¿Cómo lo sabes?

–Yo soy muy lista –dijo la seta–. Desde el suelo observo todo lo que pasa en el bosque. Te propongo un plan: como tú prefieres seguir jugando en lugar de ayudar a mamá, cada vez que tu madre te pida algo y tú estés jugando, te vas a volver invisible.

–¡Qué divertido. Qué buena idea! –dijo Lucila.

Al día siguiente, como de costumbre, mamá pidió a Lucila:

–Hija mía, ponme la mesa, mientras yo termino la comida.

Como no contestaba, mamá fue a su cuarto:

–Lucila, ¿dónde estás? No te veo.

Pero la ardillita seguía sin aparecer, así que mamá no tuvo más remedio que poner la mesa. Lucila, mientras tanto, continuaba muy entretenida jugando a las muñecas.

A los pocos minutos llamaron a la puerta:

–Toc, toc. Mamá Ardilla, soy yo, el Señor Conejo. Te traigo una cesta llena de setas para que te las comas.

Mamá Ardilla invitó a pasar al Conejo y le dijo:

–Pues mira, has llegado justo a tiempo de hacer la comida. Como mi hija Lucila no me ha ayudado a poner la mesa, todavía no había empezado a cocinar. Así que prepararé las setas. Si quieres, quédate a cenar.

El Conejo, de buen grado, aceptó la invitación.

–¡Qué setas más buenas me has traído, Conejo! –dijo Mamá Ardilla–. Como hay tantas, con las más grandes haré conservas.

El sol se metió y la luna salió. Lucila continuaba jugando invisible en su cuarto, ajena a lo que ocurría su alrededor. El Conejo se sentó a cenar una rica tortilla de setas... Mamá Ardilla llamó a su hija por la ventana del árbol:

–Lucila, ¿dónde estás? Tienes que cenar, bañarte y dormir. Luego te leeré un cuento...

De pronto Lucila oyó a su madre y pensó:

–¡Anda, si es Mamá. Si ya es de noche! ¡Claro!, con razón tenía yo tanta hambre. Además, tengo ganas de que mi mamá me lea un cuento. ¡Mami, Mami! Estoy aquí.

–Lucila, hija mía –dijo su madre–, ¿dónde estás? Es que no te veo. Sólo te oigo.

Lucila empezó a llorar y le contó la verdad:
–¡Mami, Mami! Es que, como me gustaba tanto jugar, la seta me dijo que me podía hacer invisible, para no tenerte que ayudar y así seguir jugando. Pero ahora es muy tarde y todavía sigo invisible. Tengo hambre y sueño.

–¡Ay, hija mía! –dijo Mamá ardilla–, ¿cómo se te ha ocurrido escuchar a la seta? Hay setas venenosas malísimas, que hacen mucho daño a los niños para que no ayuden a sus mamás.

El Conejo intervino en la conversación:

–Si queréis, yo os puedo ayudar a buscar la seta venenosa del bosque para que devuelva el cuerpo a Lucila.

Mamá Ardilla y el Conejo buscaron y buscaron por todos los matorrales. Mientras tanto, el cuerpo invisible de Lucila lloraba en la cocina. Tenía tantas ganas de comerse el pastel de chocolate que había preparado su madre y tanto sueño...

De pronto, unos golpecitos sonaron: toc, toc. Lucila se incorporó y preguntó:

–¿Quién llama?.

Los golpes se volvieron a oír: toc, toc.

–Parece que vienen de la despensa –pensó Lucila–. Voy a abrir la puerta.»

Los golpes eran cada vez más intensos.

–Ya voy, ya voy –dijo Lucila–. ¿Quién hará este ruido?

La niña empezó a buscar entre las baldas. Observó que un frasco de conservas se movía y de su interior salía una voz que decía:

–Lucila, Lucila, soy yo.

Lucila se acercó. ¡Era la seta!.

–¿Qué haces tú aquí? –preguntó Lucila a la seta.

–Es que el Conejo me ha cogido y tu madre me ha conservado. «

–Menos mal que te encuentro. Me tienes que devolver mi cuerpo inmediatamente. Tengo hambre y sueño.

–No voy a poder –dijo la seta.

–¡Cómo! –exclamó Lucila.

–Al conservarme tu madre, me ha quitado el veneno, que ha pasado al agua del frasco y ya no tengo poderes ni puedo hacer cosas malas, como volver invisibles a los niños para que no ayuden a sus mamás.

Lucila empezó a llorar y a llorar. A los pocos minutos llegaron el

Conejo y Mamá Ardilla. Lucila les contó la historia y al señor Conejo se le ocurrió una idea: meter el cuerpo invisible de Lucila en el frasco donde estaba la Seta. A Lucila no le hacía mucha gracia flotar en medio de agua venenosa.

Mamá Ardilla abrió el frasco con un pañito y pidió a Lucila que se metiera dentro. El Conejo batió muy fuertemente el tarro y se alejaron de la despensa cerrando la puerta.

De pronto se oyó una explosión, El líquido venenoso había hecho efecto. Allí estaban Lucila y la seta, sentadas en el suelo, en medio de un charco, todo lleno de cristales. Mamá Ardilla se puso muy contenta. ¡Por fin podía ver a su hijita! Enseguida el señor Conejo cogió a Lucila y la metió debajo del chorro de agua. El veneno de la seta se fue por la tubería.

Lucila y la seta se hicieron muy amigas y desde entonces, cada vez que Mamá Ardilla las llama, dejan de jugar y ayudan a poner la mesa.

¿Cuál es la enseñanza de «La seta en conserva»?

El niño debe aprender que a veces hay que renunciar a un valor para dar prioridad a otro superior. En el caso concreto de este cuento se trata de dejar de jugar para ayudar a mamá. Y, además, ¡lo tiene que hacer con gusto! Así establecerá adecuadamente una escala de valores, que le ayuda a formarse. Sabrá que hay cosas más importantes que otras.

Esta forma de educar es totalmente contraria a la represión. Reprimes al niño en el momento en que le haces renunciar a un valor sin ofrecerle otro a cambio y sin que medie una explicación: «Juanito, dejas de jugar porque lo digo yo, y ya está».

¿Cómo inculcar esta enseñanza a tu hijo?

Comenta los siguientes fragmentos:

– ¡Hay que ver lo que le cuesta a Lucila dejar de jugar, para ayudar a su mamá!

– Le cuesta tanto que prefiere aliarse con la seta venenosa, que la haga invisible, y así seguir jugando. ¡Qué horror!

– ¡Pobre Lucila! Cuando se da cuenta por la noche de que continúa invisible, por no ayudar a su mamá y seguir jugando, se pone muy triste.

– ¡Pero, fíjate! al final del cuento, ¡hasta la seta deja de jugar por ayudar a mamá!

Pregunta:

–¿Le cuesta a Lucila dejar de jugar?

–¿Por qué Lucila deja que la seta le haga invisible?

–¿Está Lucila contenta por la noche cuando sigue invisible?

–Cuando Lucila recupera su cuerpo, ¿qué hace cada vez que Mamá Ardilla la llama para que le ayude?

CUENTO 2. LA HIJA OBEDIENTE Y TRABAJADORA

Una viuda tenía dos hijas, una muy bella y trabajadora y la otra fea y perezosa. Pero quería mucho más a esta última porque era su verdadera hija, mientras que la otra, su hijastra, debía hacer todo el trabajo y era una cenicienta en la casa.

Todos los días tenía que sentarse junto a un pozo al lado de la carretera e hilar hasta que le brotaba sangre de los dedos. Sucedió que, en una ocasión, la devanadera se empapó de sangre, y ella se inclinó sobre el pozo para intentar lavarla, pero se le escurrió de las manos y se le cayó. Comenzó a llorar, se fue hacia donde se encontraba la madrastra y le contó la desgracia. La viuda le regañó con severidad y fue tan cruel que le dijo:

– ¡Si has dejado caer la devanadera, recógela tú misma!

Regresó entonces la muchacha al pozo, sin saber qué hacer. Era tanto el miedo que sentía que se cayó al pozo. En la caída perdió el conocimiento y cuando volvió en sí se hallaba en un hermoso prado con miles de flores en el que lucía el sol. Caminó por aquel lugar hasta que llegó a un horno que estaba a rebosar de pan; dijo el pan:

–¡Ay, sácame de aquí! ¡Sácame de aquí, que me estoy quemando! ¡Hace ya mucho tiempo que estoy cocido!

La joven se acercó al horno y sacó todo el pan. Después siguió caminando y pasó junto a un árbol que estaba cargado de manzanas. El manzano gritó:

–¡Ay! ¡Sacúdeme! ¡Sacúdeme, que todas las manzanas están maduras!

Sacudió entonces la muchacha el árbol y las manzanas cayeron. Cogió unas cuantas y prosiguió su camino. Finalmente llegó a una pequeña casa en cuya ventana asomaba una anciana. La mujer tenía unos dientes tan grandes que asustaron a la muchacha y quiso seguir adelante. La mujer comenzó a chillar:

–¡No tengas miedo, niña! ¡Quédate conmigo, y si haces como es debido todas las tareas del hogar, estaremos muy bien juntas! ¡Sólo tendrás que ocuparte de hacerme bien la cama y sacudir el edredón para que sus plumas salgan volando! ¡Y entonces nevará en el mundo, pues yo soy la señora Holle!

Tanto la había animado la anciana, que la niña aceptó la oferta y entró a su servicio. Lo hacía todo con alegría y buena predisposición, y sacudía siempre a la perfección el edredón de la anciana.

A cambio era muy bien tratada en aquella casa, no recibía ninguna reprimenda ni era castigada, y podía comer todo lo que deseaba. Sin embargo, cuando llevaba viviendo un cierto tiempo en casa de la señora Holle, su corazón se entristeció, y aunque allí vivía mil veces mejor que en su casa sintió gran nostalgia de su hogar. Finalmente, confesó a la mujer:

–Siento una gran pena por no poder estar en mi casa y, aunque aquí sea muy feliz, no puedo quedarme por más tiempo.

Contestó la señora Holle:

–Entiendo tus razones y como has sido una sirvienta fiel yo misma te llevaré.

La tomó de la mano y la llevó ante un gran portal. La puerta estaba abierta y cuando la muchacha la traspasó cayó sobre ella una fuerte lluvia dorada, y todo el oro se le fue pegando hasta que quedó completamente cubierta por él.

–Todo esto te lo entrego por haber sido tan diligente –dijo la señora Holle, al tiempo que le devolvía también la devanadera que se le había caído en el pozo–.

Luego la puerta se cerró y la niña se encontró de nuevo arriba, en la tierra, no lejos de la casa de su madrastra. Cuando llegó al patio, el gallo, que se había acomodado junto al pozo, cantó:

–¡Kikirikí! ¡Kikirikí!, ¡Kikirikí! ¡Vuestra dorada princesa está de nuevo aquí!.

Entonces la niña entró a ver a su madre y como lo hacía cubierta de oro, madre e hija la recibieron con gran cordialidad.

Cuando la madre supo cómo había conseguido tanta riqueza quiso proporcionarle la misma suerte a su hija fea y perezosa. Ésta tuvo que sentarse a hilar junto al pozo; para que su devanadera se empapase de sangre, se pinchó un dedo y restregó la mano con un zarzal. Luego arrojó la devanadera al pozo y ella misma saltó detrás. Igual que su hermana, se despertó en un hermoso prado y caminó por el mismo sendero. Cuando llegó junto al horno volvió a gritar el pan:

–¡Ay, sácame de aquí! ¡Sácame de aquí, que me estoy quemando! ¡Hace ya mucho tiempo que estoy cocido!

Pero la niña perezosa y fea respondió:

–Sí, qué te crees, ¿que me apetece ensuciarme? Y siguió su camino sin detenerse.

Pronto llegó junto al manzano, que exclamó,

–¡Ay! ¡Sacúdeme! ¡Sacúdeme, que todas las manzanas están maduras!

–¡Pero bueno! Qué esperas, ¿que me caiga una manzana encima de la cabeza? –contestó ella, y siguió su camino.

Cuando llegó a casa de la señora Holle no se asustó, pues ya había oído hablar de sus grandes dientes, y se incorporó como su sirvienta. El primer día hizo un pequeño esfuerzo, se mostró diligente y cumplió todas las órdenes de la señora Holle pensando en el oro que ganaría. El segundo día, sin embargo, empezó a holgazanear y el tercero todavía más; por la mañana no quiso levantarse de la cama, le hizo mal la cama a la señora Holle y no sacudió bien el edredón para que las plumas salieran volando. La señora Holle pronto se cansó de ella y la despidió. La holgazana pensó que en ese momento lloverían sobre ella muchas monedas de oro. La señora Holle la llevó también al portal. Pero sobre ella cayó un gran caldero lleno de pescado.

–Éste es el pago por tus servicios –dijo la señora Holle cerrando la puerta de un portazo.

La niña perezosa regresó a su casa completamente cubierta de pescado y el gallo aposentado de nuevo junto al pozo cantó al verla:

–¡Kikirikí! ¡Kikirikí! ¡Kikirikí! Nuestra sucia doncella ya está aquí.

Y la holgazana no pudo desprenderse jamás del pescado de su cuerpo.

¿Cuál es la enseñanza que se puede sacar?

Este cuento enseña cómo, a veces, los padres somos injustos y no tratamos igual a los hijos. No siempre sabemos ver las virtudes y los defectos de los que más queremos y tenemos más cerca.

También muestra cómo las personas no siempre sabemos utilizar las oportunidades que se nos presentan con el mismo beneficio. La hija obediente y trabajadora tiene su recompensa, mientras que la hija fea no es capaz de aprovechar la oportunidad que se le brinda, por ser desobediente, perezosa y ambiciosa. La señora Holle actúa con justicia: premia al que lo hace bien y castiga a quien lo hace mal.

CUENTO 3. LA SEÑORA TRUDE
de los Hermanos Grimm

Érase una vez una caprichosa y curiosa jovencita, que nunca obedecía a lo que sus padres le ordenaban. ¡Así no era posible que le fuera nada bien en la vida! En cierta ocasión, les dijo:

–Me han hablado tanto de la señora Trude, que deseo ir a verla a su casa. Quienes hablan de ella dicen que es una mujer encantadora, que todo lo que hay en su casa es maravilloso y que, además, se pueden encontrar cosas muy extrañas. Tengo tanta curiosidad que deseo ir pronto a verla.

Los padres, preocupados, le prohibieron tajantemente la visita. Y le dijeron:

–La señora Trude es una mujer malvada y si la visitas te perjudicará. No lo hagas o dejaremos de considerarte nuestra hija.

La hija, que nunca obedecía a lo que sus padres decían, partió hacia la casa de la señora Trude a pesar de la prohibición. Cuando llegó, llamó a la puerta y preguntó por ella.

–¿Por qué estás tan pálida, niña?

–Ay, señora –contestó, temblando de miedo–, he visto algo que me ha asustado mucho.

–¿Qué has visto, niña?

–He visto a un hombre negro sentado en las escaleras.

–Ah, no te preocupes, era mi carbonero.

–Después, he visto a un hombre verde.

–Ése era mi cazador.

–Y al final, he visto a un hombre tan rojo como la sangre.

–Ése era mi carnicero.

–¡Santo cielo!, señora Trude, pero cuando más miedo he sentido ha sido al mirar por la ventana.

–¿Por qué, mi niña?

–Porque en lugar de verla a usted he visto al mismísimo diablo con un copete de fuego.

–¡Ajajá! –dijo orgullosa la bruja–. ¡Lo que en realidad has visto es a la bruja con su verdadero vestido! ¡Llevo mucho tiempo esperándote para que me des calor!

Entonces cogió a la niña del brazo y la convirtió en un grueso tronco de madera, lo echó al fuego, se sentó al lado y mientras se calentaba dijo:

–¡Esta madera sí que alumbra bien!

Ante esta visión, la niña se despertó y se dio cuenta de que todo había sido un sueño y a partir de entonces siempre siempre obedeció a sus padres. ¿Siempre? Bueno, por lo menos lo intentó y aunque a veces obedecía, se esforzaba y al final lo consiguió.

→ Los cuentos del vídeo

Los cuentos en dibujos animados que se adjuntan con este libro han sido desarrollados por especialistas, que han tenido muy en cuenta el objetivo que se pretende: que tu hijo quiera ser obediente.

Como en los cuentos, los personajes muestran al niño por qué hay que obedecer, a pesar de las dificultades que pueda encontrar, y la alegría que proporciona el hacerlo.

Los dibujos animados tienen «algo mágico». No en vano, es la mejor manera de llamar la atención del niño frente al televisor, al tiempo que le facilita identificarse con los personajes animados.

El vídeo es un instrumento fantástico que hay que saber aprovechar. Veamos las historias con nuestros hijos y comentémoslas con ellos.

Ofrezco un resumen del argumento de los dos cuentos en dibujos animados que podemos ver con los hijos, en el DVD que adjuntamos.

★ CUENTO 1. El príncipe enfermo

Es la historia de un príncipe que está enfermo. Nadie sabe cómo curarle. Por fin, aparece un ermitaño que le dice cómo hacerlo. Pero la enfermedad que sufre el príncipe no puede ser curada con ninguna medicina. Sólo hay una forma: ir hasta la ermita que hay en el bosque, pero debe ir solo y sin salirse del camino. En principio parece fácil, pero durante el trayecto encuentra muchas excusas para salirse del camino. El príncipe, no obstante, supera esas pruebas porque su deseo de curarse le da fuerzas para obedecer en todo al viejo ermitaño. Finalmente se cura.

★ CUENTO 2. **Lupo**

Lupo es un pequeño barco que quiere salir con su padre a pescar a alta mar. Pero éste no le deja porque Lupo es todavía muy joven. El pequeño cree que su padre se equivoca, piensa que él ya es mayor y le desobedece. Un buen día se escapa y se adentra en el mar, con tan mala suerte que le sorprende una fuerte tormenta y se lo traga el remolino. Sus padres están muy preocupados. Lupo embarranca en una isla muy peligrosa. No sabe dónde está y, por supuesto, no sabe regresar a casa. De repente, encuentra una radio y, gracias a ella, su padre le va guiando hasta llegar de vuelta a casa. Lupo reconoce que su padre tenía razón y le promete que siempre le obedecerá.

✳ Sugerencias para sacar el máximo provecho a los cuentos en dibujos animados

- **Los cuentos pueden verse más de una vez.** No se cansarán nunca de verlos si se hace de forma dosificada.

- **Aprenderse la canción que hay al final de cada cuento y cantarla juntos** será muy beneficioso para el niño ya que en la canción están todos los mensajes que queremos dar al niño. Por ese motivo, hemos puesto la letra de la canción sobre la imagen.

- **Representar el cuento en un pequeño teatro de muñecos.** Sugerimos la posibilidad de construir los personajes. Para que sea más divertido, se pueden improvisar los diálogos (si el cuento ya se ha visto varias veces). El muñeco en manos de un niño le da poder. El guión sirve como guía para ayudarles a empezar. Que invente sus propios muñecos y sus propias historias, desarrollando hasta límites insospechados su imaginación, que sepa poner en práctica en situaciones inventadas por él los valores que se le están enseñando.

- **Narrar el cuento sin el vídeo.** Es interesante para fomentar su imaginación.

- **Dedicar un rato a hablar con el niño sobre el cuento** y sus aplicaciones prácticas en él mismo. Con preguntas como: ¿tu qué hubieras hecho si...?, ¿es bueno lo que hizo...?, ¿cómo te gustaría que terminara el cuento?

❋ Ideas principales que se transmiten en vídeo

Este vídeo pretende dar a conocer mediante dos cuentos y los diálogos entre Juan y Nina algunos aspectos de la virtud de la OBEDIENCIA. No se debe utilizar el vídeo como si fuera un cuento cualquiera. Debe ser un instrumento de trabajo, una motivación para el niño y una oportunidad para poder tratar los temas con la profundidad necesaria. Llegar, en definitiva, a valorar la importancia de esta virtud.

- **Ser OBEDIENTE cuesta esfuerzo:**

El Príncipe enfermo
JUAN
Vamos, abre la boca, que se me va a derramar.

Nina mueve negativamente la cabeza.

JUAN
Tienes que ser obediente. ¿Es que quieres estar siempre enferma?
Nina mueve afirmativamente la cabeza. Juan la mira, resopla y deja la cuchara en la mesita con cuidado.

JUAN

Mira, Nina, a veces ser obediente cuesta esfuerzo. Pero, aunque te cueste, debes hacer caso a las personas que te quieren porque siempre deseamos lo mejor para ti.

El Príncipe enfermo

MONJE

Pero deberás ir tú solo y, sobre todo, no te salgas nunca del camino. Aunque veas cosas maravillosas a tu alrededor, nunca deberás poner ni un solo pie fuera. Recuérdalo.

PRINCIPE

Pero me costará mucho esfuerzo llegar hasta allí sin la ayuda de mi paje.

El Príncipe enfermo

NINA

¿Y no se cansaba?

JUAN

Pues sí, pero si quería curarse tenía que obedecer al monje, y aunque le costara mucho esfuerzo, él quería curarse.

- **Obedecer es asumir completamente lo que te mandan:**

El Príncipe enfermo

JUAN

Y el príncipe se adentró en el bosque, tal y como le había dicho el monje. Iba con mucho cuidado para no salirse del camino.

No sólo por eso. También era ordenado porque organizaba bien su tiempo. Hacía cada cosa a su hora.

Lupo

HERMES

Lupo, ¿me escuchas?

Lupo

Sí, papá.

HERMES

Yo te sacaré de allí, pero tienes que hacer todo lo que yo te diga, esa isla es muy peligrosa y hay muchos remolinos.

LUPO

Haré lo que tú me digas.

HERMES

Está bien. Rema despacio en dirección al sol, cuando estés a unos cien metros de la orilla avísame y te daré la siguiente indicación.

JUAN

Y así, haciendo caso a todo lo que le decía su padre, Lupo consiguió llegar sano y salvo al puerto.

- **A veces surgen dificultades para cumplir con lo que nos mandan**

El Príncipe enfermo

Junto al camino hay un precioso caballo blanco.

PRINCIPE

¡Uau! Qué bien, así no tendré que andar y, además, llegaré antes a la ermita.

El PRINCIPE intenta agarrarlo.

JUAN

Pero cuando quiso agarrar al caballo vio que no llegaba. Tendría que salir del camino si quería alcanzarlo. Entonces se acordó de lo que el monje le había dicho.

MONJE (con eco)

No debes salir nunca del camino.

El PRINCIPE lo vuelve a intentar, pero es inútil. Cabizbajo sigue su camino.

JUAN

El príncipe lo intentó una y otra vez, pero tuvo que rendirse. Jamás conseguiría alcanzar el caballo sin salir del camino, así que continuó andando, a pesar del cansancio.

El Príncipe enfermo

El príncipe ve el cofre con la varita, y abre los ojos mucho.

PRINCIPE

¡Ahí va! Con esta varita seré el príncipe más rico y poderoso del mundo. En mi reino a nadie le faltará de nada. Podré contratar a los mejores médicos, dar grandes fiestas… será fantástico.

JUAN

Intentó alcanzarla, pero no llegaba con sus manos. Tendría que salirse del camino.

De pronto, se le ocurrió una idea: colocar un imán colgando de un palo y acercarlo a la varita.

El PRINCIPE lo intenta una y otra vez. A cierta distancia el paje se lo mira todo.

JUAN

Pero las varitas mágicas no son atraídas por los imanes, así que todo fue inútil.

- **El que no obedece se encuentra con problemas:**

El Príncipe enfermo

El PAJE aparece detrás de un arbusto con cara de avaricioso.

JUAN

Ya te he dicho antes que el paje desobediente siempre andaba siguiendo al príncipe. Pues bien, allí estaba escondido.

PAJE

¡Vaya! Así que una varita mágica. La de cosas que podría hacer con ella: sería rico, tendría una casa grande, llena de cosas bonitas, iría con el príncipe a cazar montado en un precioso caballo blanco... Es mi gran oportunidad. Saldré un momento del camino y la agarraré. Total ¿qué me puede pasar por desobedecer un instante a ese viejo monje?

El paje salta fuera del camino y agarra la varita.

JUAN

El paje salió del camino y tomó la varita mágica.

Hay una pequeña explosión y la varita se convierte en un martillo de juguete (de esos de feria que hacen ruido).

JUAN

Pero, al instante, la varita se convirtió en un martillo de juguete.

PAJE
¿Pero, qué es esto?

El paje enfadado empieza a golpear todo con el martillo, después lo lanza a lo lejos.

JUAN
Pero lo peor no fue eso.

NINA
¿Ah no?

JUAN
No. Lo peor fue que, cuando se dio cuenta, el camino había desaparecido. Ahora no sabría salir del bosque.

Lupo
NINA
Igual que yo. ¿Ves cómo los mayores no tenéis razón?

JUAN
Ya, ya. Pues verás lo que pasó. Al cabo de un rato, Lupo se dio cuenta de que había ido demasiado lejos. Ya no veía la costa. Estaba tan emocionado viendo los peces, que se había perdido.

Una nube gris empieza a cubrir el cielo. Los truenos retumban cada vez más cerca y el mar se va oscureciendo y encrespando. Los peces huyen de la superficie y se refugian en sus cuevas.

LUPO
¡Papáááááá! ¡Mamáááááá´! ¡Socorrooooooooooo!

Lupo
HERMES

Cuando era pequeño, yendo a pescar con mi padre, me escapé, me perdí por allí y… en fin, aquí me tenéis.

GAVIOTA
Vaya, vaya… quién lo diría…

HERMES
Te aseguro que pasé mucho miedo y jamás me volví a escapar.

- **El que obedece siempre sale ganando:**

El Príncipe enfermo
NINA
Menos mal que el príncipe no salió del camino.

JUAN
Sí. Ya ves que, a veces, hay que hacer caso a los mayores, aunque nos parezca que no pasa nada por desobedecer un poquito.

El Príncipe enfermo
PRÍNCIPE
¡Monje! ¿Có… cómo has llegado hasta aquí?

El MONJE sonríe.

MONJE
Utilicé un atajo. Lo importante es que has sido obediente… has confiado en mí y por eso te has curado.

PRÍNCIPE
Gracias, muchas gracias.

El PRÍNCIPE agacha la cabeza.

El Príncipe enfermo

JUAN

Si eres obediente, todo terminará bien. Por ejemplo, si te tomas el jarabe, te curarás y podrás ir a pescar el domingo conmigo.

NINA

Vaaaaale. Lo tomaré.

- **Los padres saben más y lo hacen por tu bien:**

Lupo

JUAN

¿Quequé pasa? ¡¿que qué pasa?! Pues que eres una desobediente. No me gusta que juegues en el bosque de noche... ¡Es peligroso! Además, sabes que tienes que estar en casa a las ocho para hacer los deberes.

NINA (agachando la cabeza)

Ya no lo volveré a hacer más.

JUAN (resoplando y dulcificando la voz)

¿No sabes que te lo digo por tu bien? Mira, los mayores no decimos las cosas para fastidiar, sino porque quizá sabemos más cosas, ¿entiendes? Ven, te contaré el cuento de Lupo.

Lupo

LUPO

Ya, estooooo... papá ¿cuándo podré ir a pescar contigo?

HERMES

Cuando crezcas un poco y te pongan un motor bien grande.

LUPO

Pero... ya estoy preparado para salir ¡Soy fuerte!

HERMES (riéndose)
No, hijo. Eres valiente, pero aún no eres lo bastante fuerte. Anda, lávate las manos y ayuda a tu madre a poner la mesa para cenar.

Lupo
JUAN
Lupo siguió remando toda la mañana. Era el barquito más feliz del mundo. Todo estaba saliendo bien, así que, pensaba, mi padre es un exagerado, yo sé cuidar de mí mismo.

Lupo
LUPO
Tengo que salir de aquí, tengo que salir de aquí como sea. Si tuviera motor... Mi padre tenía razón, aunque reme con todas mis fuerzas, nunca conseguiré...

Lupo
JUAN
Y te aseguro que ya nunca más volvió a desobedecer a su padre, porque comprendió que todo lo que le decía era por su bien, aunque a veces no lo entendiera..

- **La obediencia facilita la armonía familiar:**

LUPO
HERMES y la madre de Lupo están juntos. La madre tiene lágrimas en los ojos. La GAVIOTA está en su palo con lágrimas en los ojos y aspecto maltrecho. Le faltan plumas.

JUAN
Al día siguiente, en el puerto había un gran silencio. Todos los barcos estaban tristes. Nadie tenía ganas de hablar.

- **El que obedece es feliz:**

LUPO
LUPO entra en el puerto y en primera fila están su padre, su madre y la GAVIOTA.

JUAN
Allí le esperaban su padre, su madre y su amiga la gaviota. ¡Ah! Y todos los barcos del puerto prepararon una gran fiesta para celebrar su regreso.

A través de la canción de la obediencia interioriza los valores de esta virtud

Los niños se sienten especialmente atraídos por **la magia de la música**. Son capaces de aprenderse la letra completa de una canción en muy poco tiempo. Facilita a tu hijo que la pueda escuchar muchas veces y cántala con él.

Aprender cantando es una manera estupenda de sedimentar los valores aprendidos. Son canciones que se pueden cantar en casa, en el coche, de excursión... y siempre le recordarán lo que ha aprendido.

Esta es la **letra** de la canción:

SI OBEDECES YA VERÁS
LO CONTENTO QUE ESTARÁS.
SI OBEDECES PRONTO Y BIEN
MUY FELIZ TE SENTIRÁS.

CUANDO TE HAGAN UN ENCARGO
MIRA ANTES LO QUE HACES
Y SI PIENSAS UN POQUITO
TE SALDRÁ MUY BIEN DESPUÉS.

SI MAMÁ TE DICE «VEN»
DEBES IR CORRIENDO YA,
PUES MAMÁ TE QUIERE BIEN
Y CONTENTA SE PONDRÁ.

SI OBEDECES YA VERÁS
LO CONTENTO QUE ESTARÁS.
SI OBEDECES PRONTO Y BIEN
MUY FELIZ TE SENTIRÁS.

CUANDO YA HA NACIDO EL DÍA
Y TE DEBES LEVANTAR
OBEDECE A LA PRIMERA,
VÍSTETE SIN PROTESTAR.

CUANDO YA SE ACABA EL DÍA
CARIÑOSO VA PAPÁ
Y TE DICE: «¡A DORMIR!
QUE YA ES HORA DE SOÑAR».

SI OBEDECES YA VERÁS
LO CONTENTO QUE ESTARÁS.
SI OBEDECES PRONTO Y BIEN
MUY FELIZ TE SENTIRÁS.

A JESÚS LE GUSTA MUCHO
QUE OBEDEZCAS SIEMPRE ALEGRE,
SI OBEDECES SONRIENTE
MUCHO, MUCHO TE QUERRÁ.

SI OBEDECES A PAPÁ
Y OBEDECES A MAMÁ
EL DIOS BUENO QUE TE MIRA
DESDE EL CIELO SONREIRÁ.

SI OBEDECES YA VERÁS
LO CONTENTO QUE ESTARÁS.
SI OBEDECES PRONTO Y BIEN
MUY FELIZ TE SENTIRÁS.

→ Pongamos a nuestros hijos metas cada semana

✳ Las láminas

Seguramente a nuestro hijo le encanta dibujar. Con sus dibujos desarrolla constantemente su creatividad y plasma lo que lleva dentro.

1. Proceso

1. Una vez haya visto el primer vídeo, le damos su lámina para que pinte las escenas y personajes de la historia.

2. Cada lámina tiene un mensaje escrito que le ayudará a entender la virtud que le estás enseñando. Aprovechemos la ocasión para comentarle esa idea.

3. Al final, hay un espacio que el niño debe rellenar (debe decidirlo él, pero con nuestra orientación). Es algo a lo que se COMPROMETE y es parte del juego. Consiste en hacer un trato entre él y tú, que le ayudará a tener claro en qué debe esforzarse durante los próximos días.

→ **Motivar a través del concurso de la obediencia.**

Nuestro hijo necesita motivaciones para los grandes retos que le estamos planteando. Hay que ayudarle con este sistema tan atractivo para él.

Puedes colocar en un lugar bien visible el «GRAN JUEGO DE LA OBEDIENCIA» . Si lo ve muchas veces a lo largo del día, le servirá para tener siempre presente la meta de la semana o del mes.

Cada vez que consiga su objetivo o se haya esforzado por conseguirlo, podrá pintar una de las escenas del GRAN JUEGO. Si no lo consigue, no pintará nada ese día, pero podrá recuperarlo al día siguiente.

Este documento lo podrás encontrar en el DVD que te adjuntamos. Imprímelo y deja a tu hijo que lo pinte.

→ **Representar la historia con muñecos**

1. ¿Por qué a través de muñecos?

El niño quiere jugar. Le encanta la actividad. Las actuaciones con muñecos que le propongo son una oportunidad extraordinaria para jugar con él. Os invito a entrar en los juegos de tu hijo, para que un día él pueda entrar en el juego de los adultos.

Una opción puede ser recrear la propia historia que hemos podido ver en el vídeo. Con eso, conseguiremos que los hijos hagan suyas las situaciones en las que se da la virtud. Tengamos en cuenta que entre los muñecos y nuestros hijos se transmiten ideas y valores. Cada muñeco forma parte de la persona que lo anima.

Pero también es interesante que cree, con esos personajes u otros, su propia historia, inventando nuevas situaciones en las que se den virtudes humanas. Además de desarrollar la imaginación de los hijos, estaremos multiplicando las situaciones en las que puedes inculcarles hábitos.

2. Jugar con nuestros propios muñecos

Adjunto todos los personajes del vídeo para pintarlos y recortarlos entre los dos.

Al enseñar a los hijos a fabricar muñecos, les estamos dando la oportunidad de expresarse creativamente, integrando todas sus experiencias. Ellos se «meterán» entonces en sus propios personajes.

En esta época consumista, donde los hijos ya no son educados por sus padres y donde la televisión ha invadido los hogares, existe el peligro real de que el juego y la fantasía desaparezcan.

Creo necesario recuperar la fantasía y eso es lo que he procurado hacer con este método para educar en los valores. Cuando consigamos que el títere forme parte del mundo de nuestros hijos, habremos abierto una puerta muy importante para educarlos a través del entretenimiento y la fantasía.

JUAN

NINA

ERMITAÑO Y PAJE

PRINCESA Y PRÍNCIPE

LUPO

HERMES

GAVIOTA

MADRE DE LUPO

✳ Optimismo y buen humor

Espero que todo lo que he contado en estas páginas pueda ser útil. Ahora os toca ponerlo en práctica. Quiero decir, con una sonrisa en la boca, que en ese trabajo arduo de la educación de nuestros hijos debemos ver siempre la otra cara, la de un panorama maravilloso, que nos debe llenar de alegría porque estamos edificando ni más ni menos que vidas humanas que en un futuro muy próximo –el tiempo vuela– van a valerse por sí mismas y nos van a suplir, van a seguir nuestros pasos.

Os animo a que en casa haya siempre un ambiente de alegría y de optimismo. Esto contribuirá a motivar a vuestros hijos, porque la alegría arrastra y los horizontes que les proponemos resultarán atractivos.

No hay que desanimarse nunca, ni darse por vencido, aunque nuestro esfuerzo y entrega no den resultados. Nuestro cariño y el patente deseo de conseguir para ellos lo mejor, serán elementos que tarde o temprano conseguirán sus objetivos.

Hemos de ser conscientes de que sólo ellos, por sus propios medios, pueden llegar a su cumbre particular. Tenemos que ver si hemos sabido entrenarles adecuadamente. Sin embargo, cuando lleguen, nunca será gracias a nuestras piernas, sino a sus propios músculos y esfuerzo.

Nuestra alegría y optimismo son las de un orfebre que trabaja con metales y piedras preciosas, de tal calidad que sólo los ojos de los expertos pueden descubrir su verdadera belleza y valor. Sin embargo, el pobre orfebre es totalmente consciente de que nunca podrá lucir una joya tan perfecta, porque su vida tiene razón de ser únicamente mientras crea maravillas para que otros las adquieran y las luzcan.

Bibliografía

Robert Brooks y Sam Goldstein (2003).
Cómo fortalecer el carácter de los niños. EDAF. Madrid.

John Gray (2002).
Los niños vienen del cielo. Plaza & Janés. Barcelona.

Linda Kavelín Popov (2002).
Guía de Virtudes. Arca Editorial. Barcelona.

Carolyn Meeks (2002).
Recetas para educar. Médici. Barcelona.

Mercé Saiz (2001).
Valores en familia. Editorial CCS. Barcelona.

Fernando Corominas (2001).
Educar en positivo. Hacer Familia. Palabra. Madrid.

Fernando Corominas (2002).
100 planes de Acción. Hacer Familia. Palabra. Madrid.

Fernando Corominas (2001).
Educar hoy. Hacer Familia. Palabra. Madrid.

Eusebio Ferrer (1990).
Exigir para educar. Hacer Familia. Palabra. Madrid.

José Antonio Alcázar (2001).
Virtudes humanas. Hacer Familia. Palabra. Madrid.

Arthur Rowshan (2001).
Cómo contar cuentos. Integral. Barcelona.

David Isaacs (1986).
La educación de las virtudes humanas. Eunsa. Pamplona.

Índice